몰래 온 손님

몰래 온 손님

이승해 두 번째 시집

도서출판 신정

‖ **작가의 말** ‖

봄이 오는 소리를 가슴으로 보듬습니다

　아무도 몰래 아주 작은 숨결로 봄이 다가옵니다. 아직 겨울의 잔잔한 기운이 창문 틈에 남아 있지만 어느새 바람이 조금 다정해졌습니다. 목 끝에 닿는 공기가 어제보다 부드럽고 볕이 마음 한 구석을 슬쩍 쓰다듬고 갑니다. 거리의 나무들은 여전히 앙상하지만 가지 끝에 달린 작은 꽃눈들이 조용히 말을 겁니다.

　"곧이야, 조금만 더"

　아침을 여는 빛이 달라졌다는 걸 사람들은 말하지 않아도 압니다. 해가 뜨는 속도가 살짝 빨라졌고 바닥에 내려앉은 그림자의 온도도 더 따뜻해졌고, 그 변화는 아주 조심스러우며 느리고 또 아름답습니다. 마치 사랑에 빠지는 순간처럼 처음에는 눈치 채지 못하다가 어느 날 문득 온몸으로 느껴지는 그런 변화, 세탁 줄에 걸린 겨울옷들이 하나 둘 옷장에서 사라지고 유리창 너머로 고양이 한 마리가 졸린 눈으로 햇살을 쬡니다.

　아이들은 모래밭에 쪼그리고 앉아 이름 모를 풀을 만지작거리고 동네 어귀 개나리 덤불은 아직도 피지 않았지만 곧 노랗게 터질 준비를 합니다. 세상이 조금씩 살아나는 이 조용한 소란을 우리는 "봄"이라 부릅니다.

라디오에서 흘러나오는 노래 발라드가 유난히 따뜻하게 들리는 날, 향긋한 커피 한 모금이 평소보다 부드럽게 느껴지는 날, 이유 없이 누군가에게 안부를 묻고 싶은 그런 순간 그 모든 감정 뒤에는 봄이 있습니다. 들리지 않지만 마음으로 느끼는 소리 바로, 봄이 오는 소리가 어쩌면 봄은 계절이 아니라 마음의 상태인지 모릅니다.

누군가를 다시 그리워하고 나를 조금 더 사랑하고 싶어지는 그런 순간 그럴 땐 꼭 눈을 감고 가만히 귀를 기울여봅니다. 지금 봄이 모두에게로 가고 있는 중이니까요.

산수유

따스한 햇살 유혹에 꽃단장하고
노란 꽃잎 마중 가는 길
산수유 노란 꽃봉오리
톡
톡
터지면
봄이 화사하게 열리는 날
가지가지마다 노란 꽃술
빙그르 미소 머금고

새색시 수줍음으로
노란 마음 향기로 사랑을 심는다

침묵 연습 중

감미롭게 방안을 감도는 베토벤의 로망스
선율 따라 설렘이 피어나고 감성은 가득 채워진다

깊은 밤, 촘촘히 별이 박힌 하늘 아래
졸음도 잊은 채 선율에 귀를 기울인다

포근한 봄밤

지상에서 가장 행복한 이 순간
더 바랄게 무엇일까

향긋한 커피 한 잔에
내 마음은 부드러운 여심으로 젖어들고
낭만을 알고 예술을 사랑하는
설렘 많은 감성으로 오늘도 나는 여인이고 싶다

내 안의 나를 조용히 깨워
또 다른 나와 마주 앉는다

어두운 공간 속 고독을 천장에 매단 채
침묵과 동승중인 지금의 나.

                  - 유난히 사랑스런 계절에...

차례

△ 작가의 말 / 5
봄이 오는 소리를 가슴으로 보듬습니다

• 우산 / 12

제1부 삶

디카시 악어 ································· 16
똥개 ······································· 17
똥개 2 - 노란 웃음 ······················· 19
똥개 3 - 비계꽃 ··························· 20
똥개 4 - 아기냄새 ························ 22
똥개 5 - 축대의 요정 ···················· 23
똥개 6 - 마지막 밥그릇 ·················· 25

• 숨, 한숨 / 26

제2부 스밈

디카시 감옥 ······························· 30
진달래 - 봄, 하품 ························ 31
진달래꽃 2 ································ 32
진달래꽃 3 - 봄을 건너오는 너에게 ······ 33

진달래꽃 4 - 엄마의 봄 ·············· 34
진달래꽃 5 - 오래된 담장 ·············· 35
진달래꽃 6 - 편지 대신 ·············· 36

• 전하지 못한 진심 / 37

제3부 사랑

디카시 시위 ·············· 40
사과 - 땀방울 아래 ·············· 41
사과 2 - 장맛비, 텃밭 ·············· 42
사과 3 - 떠난 여자 ·············· 43
사과 4 - 우주의 심장 ·············· 44
사과 5 - 자매 ·············· 45
사과 6 - 고독하다는 것 ·············· 46

• 몰래 온 손님 / 48

제4부 자아

디카시 빛의 향연 ·············· 52
담쟁이 ·············· 53
파도 속 별 ·············· 54

까마귀 떼 ……………………………… 56
크레파스 ……………………………… 57
담쟁이 2 ……………………………… 58
나뭇잎 편지 …………………………… 59

● 공원풍경 / 61

제5부 풍경

디카시 봄날 …………………………… 64
봄날의 정원 …………………………… 65
숲길을 걷다 …………………………… 66
낙화 …………………………………… 67
비 오는 날, 광교호수 ………………… 68
비 오던 애월리의 밤 ………………… 69
봄비 내리는 날 ………………………… 71

● 침묵의 봄 / 73

제6부 묵상

디카시 출타 …………………………… 76
헌책방 ………………………………… 77
계단 …………………………………… 78

중독 ·· 79
장미대선 ··· 80
궁평항 ··· 81
해변 ·· 82

- 겨울바다 여행 / 83

제7부 정적

디카시 원천동 ································ 86
소리들 ··· 87
겨울이야기 ······································ 88
눈송이에게 ······································ 90
비발디, 겨울 ···································· 91
해후 ·· 92
제주도 여행기 ································· 94

| 맺음의 글 | ································ 97

| 서평 | 박덕은
이승해 시인의 시집 출간을 축하하며 ············ 99

| 발행인의 말 | ································· 117

우산

비가 오는 날이면 꼭 그 사람이 생각난다
그리움은 언제나 물소리를 타고 온다

우리는 처음 함께 우산을 썼던 날도
이렇게 잔잔한 봄비가 내리고 있었다

바람도 없고 번개도 없는 그저 조용히 오래 내리는 비

나는 주머니에 있던 작은 우산을 꺼내 펼쳤고
그 사람은 조금 놀란 얼굴로 웃으며 내 옆에 섰다

좁은 우산 아래는 닿을 듯 말 듯했고
말을 많이 하지 않았지만 침묵마저 따뜻했던 시간
우산 안의 그 고요한 공간이 세상 어디보다 평화로웠다

생각해보면 그 사람은 언제나 우산을 내 쪽으로
기울였다 나는 늘 중심에서 비껴나 있고
그 사람은 그걸 아무 말 없이 감당했다

그 다정함이 나중엔 익숙함이 되었고
익숙함이 사라질 땐 너무 늦어 있었다

그 후로 나는 혼자 비를 맞는 법을 배웠다

비는 여전히 조용히 내리고
나는 우산을 쓰고 거리를 걷는다

어느새 몸이 기억해버린 습관처럼
나는 늘 우산을 왼쪽으로 기울인다

그 자리에
그 사람이
아직도
서 있을 것 같아서
우산이란
원래 그런 것인지도 모른다

한 사람을 더하기 위해
한 사람만을 위해
기울여 쓰는 것

비가
그쳐도
나는 한참 동안 우산을 접지 못한다

그 사람이 사라진 건
오래 전인데

그 우산 속
따뜻했던 마음만은
아직도 내 어깨 위에 머물러 있다

제1부 삶

*아주 작은
삶의 움직임을 사랑하다*

악어

도심의 늪에서 솟구쳐
사냥을 나선다

붉은 핏덩이의
가을을 삼키고 있다

똥개

우리 집 누렁이는
똥을 먹어서 인지
  누런 털이 수북하다

안동 장날 주인 남자의 눈에 들어서
  화성 용두리까지 팔려왔다

쓰려져가는 기와집 축대 앞에
머리를 꼬고 엎드려
제집인지 남의 집인지 모르고
  낮잠을 즐기던 누렁이

이쁘다고 목덜미를 쓰다듬으면
  주인의 발밑에 비스듬히 누워
발바닥을 핥기도 했다

어른들 똥을 주면
먹지 않고
  아가 똥만 먹었다

그래서인지
  아기 똥만 바라보면 늘 노랗게 웃는다

어느 날
부잣집에서 얻어 온
비계 덩어리를 억지로 먹었더니
설사를 하면서 싸늘하게 식어버렸다

 식어버린 누렁이 시체 위에
  나비 한 마리 날아들어
   나폴 나폴 춤을 추고

주인은 눈물을 찔끔이며
 아가 똥을 먹게 그냥 둘 걸
  하늘 보며 한탄했다

 누렁이가 먹던 밥그릇에
아가 똥 냄새만 그득했다

똥개 2
- 노란 웃음

우리 집 똥개는 참 노랗게 생겼다
  햇살처럼 부드러운 털에
항상 웃는 것 같은 눈매를 하고 있었다

아기 똥이 나오면 똥개는 냄새를 맡고
  슬금슬금 다가왔다
그리고는 조심조심 핥아먹었다

그 모습이 어찌나 웃긴지
  아장장장 걷는 동생보다
똥개를 더 많이 웃으며 바라보곤 했다

바람이 불어 낙엽이 땅에 뒹굴어도
비 오는 날 처마 밑에서 졸고 있어도
  똥개는 언제나 노랗게 웃었다

나는 몰랐다

  그 웃음 뒤에 숨어 있던
짧고 따뜻한 작별 인사를

똥개 3
– 비계꽃

장날이었다

아버지가 부잣집 마당에서
　큰 비계 덩어리를 얻어왔다

"이거나 가져다 똥개 먹여라"

아버지는 퉁명스럽게 말했지만
　나는 신이 나서 그걸 들고 뛰어갔다

"누렁아 맛있는 거야! 많이 먹어!"

똥개는 꼬리를 흔들며 다가왔지만
비계 앞에서는 한참 머뭇거렸다

　나는 그걸 억지로 입에 밀어 넣었다

똥개는 잠깐 나를 쳐다보다
툭, 비계 덩어리를 삼키고는
조용히 눈을 감았다

그리고 다음날

누렁이 가슴 위에
하얀 나비 한 마리가 내려앉았다

비계꽃처럼 부드럽게
 세상을 다 알고 있는 듯
그렇게 살랑살랑 춤을 췄다

나는 그때야 깨달았다

 내가 억지로 먹인
    그
     한 점이
누렁이에게 마지막 인사가 되었음을

똥개 4
- 아기냄새

누렁이는 어른 냄새를 싫어했다
어른들이 똥을 싸면
킁킁거리다 금세 돌아섰다

하지만 아기 똥만 보면
입맛을 다시며 꼬리를 흔들었다
코끝을 아장아장 움직이며 다가가
부드럽게 핥아먹곤 했다

어느새
아기 똥 냄새는 누렁이의 행복이 되고
누렁이의 웃음은 우리 집의 행복이 되었다

엄마는 말했다

"깨끗한 것만 아는 순한 심성이라 그런가 보다"

나는 알았다

누렁이의 세상은 항상 맑고
작고 따뜻한 것들로만 채워져 있었다는 걸

똥개 5
– 축대의 요정

기와집 축대 앞에
해가 기울면 노란 덩어리 하나가 나타났다
누
렁
이
다
앞발을 괴고 고개를 비스듬히 누인 채
꿈나라를 헤엄치듯 졸고 있었다

지나는 바람이
귀를 간질이면
똥개는
귀를 실룩이며 웃었다

고양이가 휙 지나가도
장날 북소리가 들려도
누렁이는
눈만 껌벅이며
꼬리로 땅을 툭툭 쳤다

나는 생각했다

혹시 이 집이 무너지지 않는 건
누렁이가 축대를 지켜주고 있어서일까?

우리 집에는
따로 요정이 필요 없었다

누
렁
이
라
는
노란 털을 뒤집어쓴 요정이
이
미
있
었
으
니
까

똥개 6
– 마지막 밥그릇

누렁이가 떠난 다음날
마당은 무척 조용했다

밥그릇 은 여전히 거기에 있었다
텅 비어 있었지만
코를 대보면
아직 아기 똥 냄새가 났다

나는 밥그릇 앞에 앉았다
그리고 누렁이의 마지막 체온을 애써 떠올렸다
하늘을 보니
노란 별 하나가
깜빡깜빡 웃고 있었다

누렁이는 그 별 어딘가에서
아직도 꼬리를 살랑살랑 흔들며
아기 똥을 기다리고 있을 것이다

나는 약속했다

언젠가는 나도 저 별에 가게 되면
가장 먼저 누렁이 이름을 부르겠다고

숨, 한숨

가끔은
그냥
조용히
숨을 내쉴 때가 있다

무언가를
잃은 것도 아닌데
괜히
가슴이 허전하고
누군가에게
기대고 싶어지는 그런 오후

아무 일도 없는 듯, 척
괜찮은, 척 지내다 보면
한숨이 먼저 나를 알아본다

툭, 하고
입 밖으로 흘러나온
그 숨결 속엔 참았던 생각들이
작은 바람처럼 실려 있다

하지만 이상하지

그 한숨 하나로

오히려 마음이
조금 가벼워질 때가 있다

누군가 다정하게 말해주는 듯하다

"괜찮아, 넌 지금 잘하고 있어"
"조금 쉬어도 돼"

그 말이 들리는 것만 같아
나는
숨을 고르고
다
시
하루를 살아갈 준비를 한다

한
숨
은
슬픔만이 아니라
다시
걸어가게 해주는
작은
숨표일지도 모르겠다

제2부 스밈

분홍빛만으로 라도
초록의 속도를
늦출 수 있었으면 좋겠다

감옥

시궁창에
볕이 든다는 말
희망이지만
스스로에게는 감옥

진달래
− 봄, 하품

바람벽에 등 기대고 졸고 있던 고양이,
　　나른한 하품 소리로 햇살을 흔든다

봄이 시작되자
산골 마을 모든 오솔길마다
　　붉은 꽃물결이 일렁이며
가슴속까지 물들인다

바람은 꽃가지 위를 스치며
가볍게, 살며시 웃다가 어디론가 달아난다

봄이 깊어지면
온 산은 분홍빛, 연두의 잔치로
　　　속삭이고 웃고 떠든다

봄바람 따라 산사 풍경소리
잘그랑 잘그랑 고요 속에 번진다

진달래꽃 2

일몰과 일출이 교차하고 별들의 속삭임에
바람도 쉬어가는 첩첩 산중 내 고향 태백
광부들 애환 간데없고 석탄마저 울다 잠든 곳
4월이면 능선마다 진분홍 환장하게 이쁘다

어릴 적 진달래 꽃밭이 우리들 놀이터였다
동무들과 꽃 모자 만들며 꽃잎 먹어 입술 꽃물 들이고
노을이 진달래꽃보다 붉게 물들 때까지 노닐던 곳
엄마에 화전 그립다, 진달래 꽃술도 그립다

4월이면
연분홍 치마저고리 곱게 입으시고 오시려나
진달래꽃 닮은 울 엄마
꽃바람 부는 날엔
더
더
그립다

진달래꽃 3
- 봄을 건너오는 너에게

마당 끝 돌담 아래
진달래 꽃잎으로 피어나길 시작했다
찬바람이 아직 남아 있었지만
꽃잎은 부드럽게 웃었다

먼 길 떠나는 너를 위해
나는 한 송이 꺾어 들었다
작은 손바닥 위에 내려앉은
연분홍 입술을 깨물며 있던 너의 얼굴

꽃 한 송이로
마음 다 전할 수 없는 걸 알면서도
나는 꼭 쥐고 있었다
떨어지지 않게, 잃어버리지 않게

봄을 건너오는 너에게
나는 오늘도 진달래꽃을 보낸다

진달래꽃 4
– 엄마의 봄

진달래꽃 피면
엄마는 늘 소쿠리를 들고 마당으로 나갔다
꽃잎을 한 장, 또 한 장 따다가
고운 물에 살짝 담그고
햇볕 좋은 날
베 짠 보자기 위에 널어두었다

나는 그 옆에 앉아
꽃잎을 쪼물쪼물 만지다
몰래 입에 넣었다

엄마는 웃으면서 말했다

"봄은 입 안에서부터 오는 거란다"

나는 오늘도 입술 끝에
진달래꽃을 데운다

엄마가 가르쳐 준
따뜻한 봄을
천천히 불러온다

진달래꽃 5
- 오래된 담장

기운 돌담에
진달래가 핀다

거친 틈새마다
누군가 다녀간 듯
꽃잎이 조심조심 걸터 앉는다

오래된 돌들은 말을 하지 않는다
하지만 바람에 흔들리는 꽃을 보면
예전 골목을 달리던 아이들의
웃음소리가 살짝 들리는 것만 같다

나는 담장 옆에 서서
한참을 바라본다

돌담도
꽃잎도
모두
다
그 자리에 남아 있었다

진달래꽃 6
– 편지 대신

하고 싶은 말은 많았지만
아무 말도 하지 않았다

그저 진달래꽃 몇 송이를 모아
너가 자주 오던 창가에 놓아두었다

햇살이 비추면 꽃잎은 반짝이고
바람이 스치면 인맥이 살짝 떨렸다

편지를 쓰기엔 마음이 너무 복잡하고
입을 열기엔 사랑이 너무 작고 두려워서
나는 고작 몇 송이로 모든 걸 전하려고 했다

너는 알아줄까?

이 연분홍 위에 쌓아둔
내 모든 망설임과 그리움을

전하지 못한 진심

말하려다 삼킨 순간들이
이제는 마음에 고요히 가라앉아
물결로 없이 머무른다

그날
그렇게 웃던 너에게
내가 얼마나 망설였는지 너는 모를 것이다

괜찮다는 말 뒤에 숨어 있던 마음
늘 네가 먼저 걷기를 기다렸던 마음
한 번쯤은 손을 내밀고 싶었던 마음

다 지나고 나서야 나는 그 마음이
사랑이었다는 걸 안다

지금에야 말할 수 있을까
그때 너를 정말 많이 좋아했다고

하지만 진심은
항상 늦게 도착하는 편지를 담아
너 없는 자리에만 머문다

그래서 오늘도 나는
아무
말
없
이
그때의
나를 그리고 너를
마음속에 조용히 보낸다

제3부 사랑

그러면
너의 어깨에 기댈 수 있을까

시위

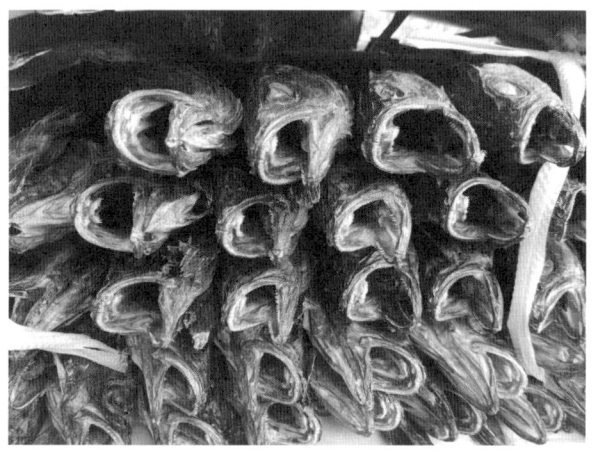

입을 맞춰
한 목소리를 낸다

침묵은 금이 아니다

죽어서도 외치고 있다

사과
- 땀방울 아래

무딘 칼날 위로
사내의 땀방울이 뚝뚝 떨어진다

가난이란 이름을 벗으려
적도의 나라에서 흘린
뜨거운 숨결이 아직 손등에 맺혀 있다

텃밭 끝자락
싱그러운 사과나무 아래
사내는 잠시 주저 앉는다

손바닥에 박힌 굳은살 속에도
여전히 작은 꿈 하나 새빨갛게 익어간다

사과 2
- 장맛비, 텃밭

장맛비 내리는 날
텃밭에서는
오이 향기보다 먼저
젖은 흙냄새가 올라온다

비는 끊임없이 내리고
사과나무 잎새는
촉촉이 숨을 쉬며 빛을 머금는다

바람 한 줌 햇살 한 줌
그 속에 사과는 조용히 살이 오른다

세상은 흠뻑 젖고
사과는 말없이 세상을 품는다

사과 3
– 떠난 여자

태양을 사모하던 바람은
쿵쿵 발자국 소리를 남기고 떠났다

그리고
지구의 궤도를 벗어난 여자 하나
이름 모를 별을 쫓아
기억 밖으로 사라졌다

텃밭 가에 놓여 진 작은 사과 한 알
그녀가 마지막으로 남긴 것이다

붉게 물든 과육 속에
그리움과 허상이 얽혀 있다

아무도 깨물지 못한 채
오늘도 햇빛 아래 외로이 익어간다

사과 4
— 우주의 심장

텃밭 한 뼘에도
우주가 들어 있다

빛을 품은 씨앗
바람을 품은 가지

그 모든 시작과 끝을 안고
사과는 고요히 빛난다

땀방울 한숨 그리고
기다림 끝에 얻은 단 하나의 결실

사내는 알았다

텃밭을 어루만지는 손길이
곧 세상을 어루만지는 일이라는 걸

사과를 들어 올린다

손안에서 무겁게 반짝이는
붉은 심장 하나

사과 5
― 자매

"○○야 다섯 시까지 남문시장 에서 만나자"

둘은 만나서 연신 아이쇼핑
새로 나온 신상품 옷도 입어보고
하하 호호 뭐가 그리 좋은지

엄마 같은 언니
호박죽도 사 먹이고 만두와 딸기까지
돌아가신 엄마랑 똑같은 외모 성격
차가우면서도 이지적인 언니
예술적 기질을 소유한 멋쟁이
늦깎이 시 창작에 몰두하는
같은 곳에서 자매가 함께 공부하니
따스한 정이 더욱 더 새록새록
또
바리스타 공부까지 식지 않는 열정의 불꽃
가슴에 품고 사는 내 언니는 최고야!

사과 6
- 고독하다는 것

종일 혼자만의 시간 속에서 사색, 고독을 즐긴다

내 안에는 또 한 명의 비루한 영혼이 함께 살고 있다

고독은 때때로
자신의 내면을 바라볼 수 있도록
긍정적인 역할을 하기도
그렇지만 내면에 삶만 가꾸는 일
잔잔한 호수일지 모르지만
외면에서 오는 거친 태풍은
잠재울 수 없기에
내면과 외면의 삶도 모두
풍요로운 삶으로 일구고 영위하고 싶기에
내 안에 또 다른 고독한 영혼에게
강한 파장의 돌을 던져 본다

이제는 깊은 잠에서 깨어나라고
훨훨 자유로워지라고

퇴적되어 고독이 모래알처럼

몰래 온 손님

아무도 모르게 겨울이 찾아왔다
문 두드리는 소리도 없이
그저 바람에 실려와
내 창가에 조용히 내려앉았다

새벽 공기는 어제보다 차갑고
숨을 들이 쉴 때마다 폐 깊숙이
하얀 냉기가 스며든다
모래처럼 부서질 듯한 공기 속에서
나는 겨울 발자국을 따라 걷는다

어느 순간부터 귀퉁이에 멈춰 서 있는 그림자들
가로등 불빛 아래서 반짝이던 얼어붙은 나뭇잎들
그 모든 풍경이 말없이 인사를 건넨다

"왔어요, 올해도"

그 인사는 낯설지 않다

언제나처럼
겨울은 늘 이렇게 조심스럽게 다가온다

옷깃을 여미는 손끝에서 계절이 느껴지고
커피 향에서 피어나는 하얀 김 사이로

누군가의 생각이 따라 올라온다

그리움은 이상하게도 겨울을 좋아 한다
볼 수 없어 더 간절하고
닿을 수 없어 더 따뜻한 것들이
이 계절엔 유난히 또렷하다

겨울은 단지 차갑고 하얀 계절이 아니다

그건
오래된 기억을 닦아
불빛처럼 다시
꺼내주는
계절

어느 날
문득
너의 이름 석 자가 눈송이처럼 흩날리면
나는 알게 된다

올해도
겨울은
몰래 온 손님처럼
내 마음에
들어와 앉았다는 것을

제4부 자아

그 문장에도 묘사가 있었다

빛의 향연

가장 화려한 불꽃을 피우며

장안공원의 가을

또 다른 계절을 준비하기 위해
그렇게 머나먼 여정을 떠난다

담쟁이

계절은 옷을 버리고
새 길을 가자는데
아직은 벽을 붙들고
남아있고 싶어라
하늘 끝 닿고 싶은 욕망
너에게만 있으랴

여름날
물오른 잎새
하나 둘
떨궈내고
풀벌레는 제철이라고
합창소리 높아질 즈음
성글은 잎새 사이로
완성하는
가
을
벽
화

파도 속 별

햇살이 바다 위에 부서질 때
물결 하나하나에
별이 숨겨져 있다는 걸 처음 알았다

소금기 머금은 바람 사이로
반짝이는 파도는
여름이 건네는 짧은 속삭임 같다

발끝에 닿는 물의 감촉
소리 없이 밀려오는
작은 물결들
그 안에서 나는 작디작은 우주를 만난다

햇빛에 잠긴 오후
아이들의 웃음이 튀어 오르고
조개껍데기 사이로 시간은 고요히 쌓인다

손으로 퍼 올린 바닷물 안에
별 하나가 깃들어 있었고
나는 그걸 조심스럽게 마음에 담아두었다

여름은 그렇게

가장 푸르른 바다 속에
가장 반짝이는 별을
숨겨놓고
우리가 찾아주길 기다리고 있었던 거다

그리고
그 별 하나는
누군가의 첫사랑이 되고
누군가의 오래된 기억 속 여름밤이 된다

까마귀 떼

저녁 어스름
붉은 해가 서산 너머로 스며들 즈음
서해안 고속도로 위로
검은 물결이 일렁인다

거대한 쓰나미처럼
하늘을 뒤엎는 검은 군무
하나의 점이 되어
하늘을 크게 휘둘고는
어디론가 사라진다

매일 아침 눈을 뜰 때마다
자라나는 식물처럼
커져 있는 그 존재들

전깃줄 위로
어둠이 걸터앉듯
거뭇거뭇한 그림자들이
깍깍 시끄럽게 울어대며
밤의 시작을 알린다

크레파스

작은 손에 쥐어졌던 열여섯 가지 색의 꿈
하얀 도화지 위에 나는 세상을 그렸다

해는 노랗고 하늘은 파랗게
엄마 얼굴은 분홍이었다

굳이 선을 넘지 않아도 괜찮았고
빗나간 선도
그저 내 방식이라며 웃을 수 있던 시간
손끝에 물든 색들은
하루가 지나면 옷깃에 남고
가끔은 얼굴에도 번져
나는 늘 뭔가에 물들어 있었다

지금은 손보다 커진 세상을
가끔은 잿빛으로만 보게 되지만
서랍 한켠 어딘가에
어릴 적 쓰다 남은 크레파스 한 통이 조용히 누워 있다

크레파스는 잊지 않는다
우리가 어떤 마음으로
세상을 처음 그려 보았는가를

담쟁이 2

푸르름의 빛이 바랜 담벼락 위 잎사귀들
지병 앓듯 덩굴은 서서히 붉게 물든다

하늘 끝 닿으려 안간힘 쓰는 거지
끝이 보이지 않는 욕망만이 매달려 있다

희망이라 스스로를 달래며
여윈 줄기 틈틈이 그물 친다
갈라진 틈새에서 거미의 하품 같은 침묵이 들리고

엉성하게 엮인 그물 같은 가지들은
가을의 니트를 완성해 간다

나뭇잎 편지

바람 따라 흔들린다

결국 땅 위에 조용히 내려앉은
나뭇잎 한 장, 누군가의 마음처럼
쓸쓸하면서도 따뜻한 문장을 품고
나는 그걸 가만히 주워 읽는다

"잘 지내니"
"그리웠어"
"잊지 않았어"

말 대신 색으로 전해지는 안부
빨갛게 물든 그리움과
노랗게 바랜 추억의 흔적이 손끝을 간질인다

가을은 그렇게
나뭇잎 하나에도
마음을 담아
우리에게 편지를 띄운다

낙엽이 흩날리는 소리는
누군가의 오래된 속삭임 같고

인맥 사이로
스며드는 빛은
지나간 계절의 마지막 손 인사 같다

나는
오늘도
그 짧은 편지들을 주워 읽으며
조금은
천
천
히
조금은
조
용
히
가을을 건넌다

공원풍경

나른한 햇살은 침묵을 끌고
공원 한가운데를 가로질러 가고 있었다

유모차 끌고 가는 엄마, 아기 해맑은 소리에
웃음꽃은 꽃들을 시샘 하네

알록달록한 꽃 장식 속에
여름도 있고 가을도 피어있네

벤치에 서로를 바라보니
아이스크림을 먹는 연인들 사이에
내 시절도 판화 되어 피었네

공원 길목에 솜사탕 파는 아저씨
함박웃음 뒤로 비릿한 바람 냄새
살짝 스쳐가는 세월의 향수
초록 향기의 싱그러움
나뭇잎 사랑스러운 몸짓에
내 마음 파도처럼 물결치는
한 장면의
수
채
화,
오늘도 맑음이다

제5부 풍경

가
끔
휘청거리는 감성을 산책하다

봄날

따사로운 햇살 밝고 경쾌하게
살금살금 고양이 걸음
영혼의 창으로
나비도 보고 꽃도 보고

마음은 벌써 봄 마중

봄날의 정원

차가운 얼음 숲 같던 화원
그대 체온으로
피어난 꽃을 보았나요

벌과 나비로 가득했던 화단에
그대가
주인이었는데 말이죠

세월의 강 흐르고 시든 꽃 피어나
허물어진 가슴에 봄이 또 오고 있어요

봄단장 하려고 여기저기 흙을 돋우고
거름을 뿌리지만 피지 못한 꽃들
고개 들어 살며시 바라보고 있어요

화려한 날들의 뒤안길
머무르고 싶었던 기억의 편지

긴 긴 날 이야기 꾸러미로 엮고 싶어요

숲길을 걷다

버려진 그리움하나 줍습니다
함께했던 순간들
이제는 희미한 기억 속에
유리 파편으로 심장에 머물러있습니다

콕 박혀버린 기억 한 줌
그리움 한 줌, 눈물 한 줌
목젖에 밀려오면 숨이 막혔습니다

사랑으로 가득했던 시간들
낡은 가방 속 미련이란
모순으로 가득 채워
그대에게 보내드립니다

어두운 공간 속에서 침묵과 동승하며
기억의 파편들은 조각 퍼즐처럼
초록의 전율로부터 시작되는 여름 숲입니다.

낙화

바람은
기억을 흔드는 손처럼
하얀 벚꽃을 꽃비로 쓸어내리고
그 한 장 한 장은
짧은 생의 페이지를 넘기듯
숨죽인 채 떨어진다

찰나를 사는 로맨스
봄은
그 짧은 열정의 이름으로
스스로를 불태운다

흰 나비처럼 나락에 내려앉는
이별의 전주곡
꽃잎은
무더기로 쏟아지며 시간의 강을 건넌다

저마다 가는 길 위에서
꽃은
하늘 아래 피어난
눈물의 모양으로 다시 한 번 봄이 된다

비 오는 날, 광교호수

감성 짙은 여인 셋, 비 내리는 오후
광교호수 시화전이 열린다는 소식에
우산을 접고 호수로 달려간다

우중의 호수공원은 고요한 수면처럼 적막하고
비에 젖은 시구들이 문장 째 걸어 나와 물 위를 둥둥 떠다닌다

발걸음을 멈추고 읽어내는 낱말과 숨결들
읽는 이 없는 전시회는 잠시 외로웠을까
떨어지는 빗방울이 시처럼 뚝뚝 울고 있었다

눈물 같은 문장들 사이로 한 줄 한 줄 마음이 젖는다

전시를 다 본 우리는 카페로 자리를 옮긴다
서로의 마음에 가만히 토닥임을 얹으며

비 오던 애월리의 밤

하늘은 음기 가득 머금은 먹구름이 흘러
금방이라도 비가 쏟아질 기세더니
빗발이 달구똥처럼 몇 방울 떨어지고
얼마 지나지 않아서
후
드
득
후
드
득
내리기 시작했다

비 맞은 제주행 비행기
잔기침에 흔들리는 듯하고
여름비는
세상의 모든 환희와 비애,
사랑과 이별을
일시에 잠재워 버릴 듯
점점 세차게 쏟아지더니
비는 흐느끼며
천천히 고개를 돌리기 시작하였다

폭풍우 치는 빗속 한담 해변 길
슬픔을 주머니에 구겨놓고
한 여자가
천천히 길을 걷고 있네

비가 몰아치는 밤바다 가운데서
보이는 것은
너울 치는 성난 파도뿐
날개 잘린 채
피를 뚝뚝 흘리는
새 한 마리
검은 바다 밑에 주저앉아 눈물을 흘리고 있다

애월리 봄날
카페 안에서는
쇼팽의 빗방울 전주곡이
잔잔히 흐르고

봄비 내리는 날

수원역 뒷골목
오래된 헌책방 안
김완희의 산문을 만난다

이니스프리, 그 이루지 못한 섬
낡은 책장 한켠엔
장영희의 문장도 숨 쉬고 있었다

문학의 숲, 그 조용한 길을 나는 걷는다

이곳은
먼지 낀 책 사이로
시간이 고요히 피어나는 곳
한 장 한 장 넘길 때마다
잊고 지낸 나의 감성들이 조용히 깨어난다

책을 몇 권 품에 안고
봄비 내리는 골목을 걷는다

빗방울이 꽃잎처럼 흩날리고
가슴속 어딘가
오래된 설렘이 다시 피어난다

횡단보도 앞
자동차 불빛에 잠시 발을 멈춘다

누군가 카메라 셔터를 눌렀다면
이 순간은
흐릿한 그리움으로 남겨졌을지도 모른다

나는
아직도
책에 기대어
꿈을 꾸는 사람

봄비처럼
조용히 흔들리며
마음을 적시는 감성으로 살아 있는 한 사람이다

침묵의 봄

납덩이 같이 무거운
침묵 속,
사람들은 물 밑을 헤엄치는 고기떼처럼
조용히 신호등을 건너고 있었다

바람은
계절을 나르느라
쉼 없이 건들거렸고

오후의 나머지 시간은
비관적인 예측과 절망이 짓눌린
어둡고 무거운 정적만이
거리를 지배하였다

침몰하는 배위에 올라 탄 듯한
한없이 낭패로운 도시의 봄이다

무표정한 사람들의 시선이 삭막하고

질식할 것 같은
내면의 소란스러운 아우성들

제6부 묵상

골판지 한 장에
함몰된 생을 일으키다

출타

종일 외출 중 인
할망을 기다리다
해바라기가 된 빈 의자

헌책방

숨결이 눌어붙은 페이지 위에
잊힌 누군가의
눈빛이
살짝 스며 있다

낡은 서가를 타고
묵은 먼지가 흘러내리면
시간은
바스락 바스락 소리를 내며
나를 뒤로 걸어간다

여기선 모든 문장이
처음처럼 다시 살아난다

지워진 밑줄 접힌 귀퉁이
다정한 독자의 흔적들
한 권의 책이 손에 들리면
나는 다시
누군가의 오후에 서 있다

말없이, 함께 읽던 기억처럼

계단

잔등을 밟고 오르는 숨소리마저 감추고
세상살이 힘들다고
아우성치던 시간들이
고양이 걸음으로 숨어든다

그 남자의 무게를
지탱하지 못하는 계단은
굽은 등을 세우지 못하고
발을 내밀 때마다 삐걱거린다

술 취한 이웃 남자가 문 앞에 속을 토하고
태연하게 자릴 떠날 때까지
비릿한 생선 내장 냄새가
계단을 타고 내려온다

창틈 새로 아침을 깨우는 바람 소리에
눈을 뜰 때면
시멘트 틈바구니로 초록빛이 돈다

낡고 허물어진 계단을 딛고
낯선 희망의 꿈을 찾아 문을 나선다

중독

버스 창 너머 풍경들이
문득
시선을 붙잡는다
담장 밑 길게 늘어진 개나리꽃
그 끝에 머무는 봄의 심사

창가에 기대어
따뜻한 햇볕 을 받으며
시집 한 권을 펼쳐드니

은은한 봄 내음 코끝에 쓰리고
혼자 흥얼거리는 콧노래 사이로
책갈피엔 꽃잎 한 장 내려앉는다

아, 이런 게 행복이구나

SNS 세상에서 잠시 멀어진 지금
또 다른 세상이 내 안에 조용한 흥분을 일으킨다

버스 안
봄볕과 함께 나는
조용히 행복을 충전 중이다

장미대선

한 표가 피어낸 붉은 계절
장미는 투표소 앞에서도 피어납니다

거리는 아직 봄이었고
국민은 조금 지쳐 있었지요

잎보다 가시를 먼저 본 사람들이
붉은 벽보 앞에서
서로의 한숨을 적어 내려갔어요

그날, 우리는 손가락에 찍힌
잉크보다 더 오래 지워지지 않는
희망을 원했고
장미 한 송이처럼 누군가는
다시 피어날 것이라 믿었지요

장미의 계절은 짧지만 그 향은 오래 갑니다
그 짧은 시간 속에 우리는 이름을 적었습니다

조금은 떨리는 마음으로

궁평항

오후 한나절 바람의 언덕에
낯선 남자의 발자국 쫓는
태양이 내리 꽂힌다

긴 머리 흩날리는 너울 따라
파도 소리 은은하게 건반을 두드린다

해당화 얼굴 붉히는
분홍빛 춤사위로 하늘거리면
쪽빛 바다는 침묵으로 산란한다

태양의 내장이 분주하게 움직인다
숨차게 달려오는 파도가
걸음을 멈추고
여인의 숨소리에 귀 기울인다

안무에 가려진 궁평리 해변
밤을 기다리는 갈매기의 대합실

여명을 깨우는 분주한 비상이
출항을 준비하는 항구를 연다

해변

검은 밤바다 하얀 파도
별똥별 하나 긴 여운으로 떨어지네

누군가 생을 마감하는지
철석거리는 파도 슬픔 눈물 찍는다

다른 한쪽에 축제 불꽃놀이
풍경이 되어버린 다정한 연인들

밤새 산고 진통으로 푸석한 산모 얼굴
금빛 노란 물결로 아침을 맞이하는 사천해변

푸른빛 파도 속에
옆구리 비닐을
앙증스럽게 빛내면서 날아가는 갈매기

뜨거운 햇살을 부어내리는
해변에서 우리는 여름을 만끽하네

겨울바다 여행

해맑은 햇살이 은빛 쇠막대기처럼
내리 뻗치는 날 바람 든 심장이
겨울여행 떠나자 다그치자
닥터지바고 영화 한 장면이 떠오른 그때
모스크바 설원을 달리는
열차의 낭만을 꿈꾸어 보았지

단조로운 일상 가끔 충전이 필요해
부산행 기차 안 차창 밖 풍경
황량한 겨울나무들의 자유로움을 바라보았지

앞자리에 앉은 노란 장미 모양 넥타이를 맨 남자도
나처럼 소확행을 꿈꾸는 중일까

바닷가 연인들의 사랑이야기로
해변의 노을은 수줍은 새색시 볼 같았지

녹물을 뿌린 듯 불그레한 햇살이
모래밭에 깔리기 시작했다

물살 가르며 스쿠다이빙하는 사람들
열정에 심장이 따라서 요동을 치네

해변 따라 해파랑길 오르며
동백섬 가는 길
붉은 심장 톡 터트려 동백꽃으로 피어났지

멈춰버린 시간 속
천연의 전설로 남아 있는 길
하얀 파도가 흰 이빨 드러내 놓고
겨울바람 잠재우는 걸 바라봤네

제7부 정적

그
대
의
물빛 위로를 기다립니다

원천동

절망과 고통도
한 발 한 발 내딛다 보면
따스한 햇살도 비치고
저녁노을처럼
아름답게 지는 거야

소리들

겨울 숲속에서
나무 위 눈 뭉치가
털썩 털썩 떨어진다

간간이 들려오는
구룩구룩 이름 모를 새들의 말
흰 눈이 사방으로 날리며
이명처럼 들린다

바람을 타고
겨울 소나타를 연주 한다

그 숲에서는
밤이면
바람에 억새풀이 흔들리는
소리를 들을 수 있다

새벽녘 부엌에서
엄마의 도마질 소리에
잠이 깨던 유년의
그 소리 또 다시 듣고 싶다

겨울이야기

십이월, 초겨울 바람이 지나간다

잎을 놓아버린 나무들 사이로
소복이 내려앉는 눈꽃들
말없이 풍경을 적신다

태백의 깊은 골짜기
하얀 자작나무들이
겨울밤을 견디며
눈을 감고 옛이야기를 속삭인다

통리재 고개를 넘으면
청명한 물소리가
산등성이를 따라 울려온다

미인폭포, 그 끝에서
떨어지는 물방울들이
햇살을 받아
옥구슬처럼 반짝인다

설핏한 햇살이
여래사 암자의

낡은 들창을 비껴든다

무명 스님의 호흡처럼
조용하고 따뜻하게

해가
기울자
세월의 한기마저
어스름 속으로 스며들고
겨
울
은
또 하나의 이야기를 덮힌다

눈송이에게

봄바람 난 내 마음을 어찌 알고
하늘에서 흰나비들의 춤사위
우아한 목련 아씨에 마음 뺏긴 내 마음
눈송이 질투의 화신이 되어서
겨울 왕국으로 나를 데려다 주는 구나

하늘 아래 첫 동네 대관령 눈꽃 마을의 추억

내 마음 오로지 일편단심이야!
뜨거운 여름에도, 낙엽 지는 가을에도
하얀 겨울은 우리들 세상이지

춘설과 함께한 삼월의 끝자락, 헤세
사랑이 지나간 순간들 읽으며,,,

비발디, 겨울

차갑게 숨죽인 고요 속 하얀 세상
비발디의 사계 겨울을 종일 들으며
골똘히 생각에 잠긴다

창밖으로 눈을 돌리니
정신 나간 눈송이 차가움에 묶여
공중회전 중 창문 틈에 살포시 내려앉으며
뽀얀 입김을 내 뿜는다

밖이 넘 추웠던지
눈송이 창문을 똑똑 두드린다

"들어가도 될까요"

집안의 난롯가에는 장작 타는 소리
평화로운 느낌 ,겨울의 따스함
안락의자 에 앉아서 시집을 읽는 여자

희망의 봄을 기다리는 기대감으로...

해후

지금
밖이 훤히 보이는 카페에 앉아있죠
언제쯤 오실까
어디쯤 오셨을까
창문만 수십 번 빼꼼히 바라보죠

인연이라는 씨앗을 심고
따스한 볕과
가끔씩
바람으로 다독여 주어
인연의 꽃으로 피어나신 내 귀하신 분
내 만남에 손님이죠

딸랑 소리에 문이 열리고
내 시선은 한곳에 집중 되었죠

그분이 오셨거든요
얼굴에 환한 웃음과
꽃망울이 소담스럽게 핀
화분을 들고 내게 와 주신 소중한 님

몽글몽글 하트 모양 라떼 커피 좋아라

아이 같은 미소 지으시며
호기심 잔뜩 가진 소년처럼
사진을 찍으시는 모습

어쩜 순수하신 분이실까

아메리카노에 진한 향기를 마시며
이야기 바다로 시간을 외출을 보낸 시간들
추억이라는 내 일기장에
빼곡히 채워지는 기록이 되었죠

아!!!
매일매일 오늘만 같아다오

이 행복 달아나지 않게

제주도 여행기

크리스마스 날은 원래 특별하게 보내야 한다는
묘한 흥분이 있는 걸로 보아 난 아직 감성쟁이다

식구들 몰래 가족이 함께 여행 가는 계획을 세우고
연애하던 시절 남편과의 추억까지 새삼 떠오르며
준비하는 며칠은 혼자 들떴다

평소 겁이 많아
비행기 타기가 좀 무서워서
청심환을 복용하지 말고
애들 아빠에게 관심을 유도해 보는
큰 그림도 그려 넣고 나자
제주도 여행은 신혼여행 다녀온 후 두 번째

다행히 심장이 얌전하게 있어주어 기대하던
그림 대신 구름 속에서 홀로 상상에 잠겼다

신혼여행 때는 헬기도 타고
제주도 시내를 구경하던 짜릿함도 있었지
속으로 묘한 미소를 지었다

제주공항에서 렌터카를
대여하려 가는 길 바라본 바다는

갑자기 눈부신 그날의 선물처럼 행복했다

숙소를 향해 콧노래 흥얼거리면서
가족 모두 수영장이 딸린 리조트
바다가 보이는 풍경 앞에
감탄사를 연발한다, 내심 뿌듯했다

옥돔구이 정식을 즐길 줄 아는 우리
제주도 옥돔 맛은 최고였다고 서로를 추켜세웠고

드라마 올인 촬영지는 바닷가 바람에
얼굴이 꽁꽁 얼어도 손으로 마사지하면서
마차로 돌아봐야 했을까 아이쿠 춥다

성산 일출봉 다시 가보고 싶었지만
추워서 포기하고
석양이 그림처럼 아름다운 곳에서
다음날 아침 해변의 일출
핑크빛으로 잔잔하게
떠오르는 천국 같은 경이로움에
이순간만으로는
우리 가족 절대 트러블 없이 잘 살 것 같았다

천지연 폭포로 다시 가자 추운 겨울에도
꽃들을 볼 수 있다니 동백꽃 의 유혹에 빠져보고
부둣가에서도 한 컷씩 폼도 잡아보고

새연교 다리에서 바라보는 어촌마을과 유람선 낭만을
사각 렌즈 속에서 우리 가족의 잊지 못할
한 장면으로 남았을 일
주상절리 중문 올렛길도 한마음으로
중문 색달 해변 노을은 많은 인파에 관광객 천지다

멀리서 바라본 한라산 흰 눈이 덮여
우릴 위한 크리스마스 분위기를 더할 참이다

저녁 '박물관은 살아있다' 영화 한편
애들과 부모로서의 좋은 경험하나 의미를 부여하고
숙소로 돌아와도 쉽게 못 이룬 잠
살다가 이렇게 평화로운 크리스마스
낭만적인 삶을 꿈꾸는 나에게도
내가 계획하면 주어진 행복은 있었다

가족과 함께 해서 더 뜻 깊은 여행
아름다운 추억을 가족의 이름으로 만들고 나자
세 번째 여행에 기대까지 부풀어졌다

| 맺음의 글 |

해마다 크리스마스 송년을 맞이하며 와인 한 잔에 섞인 계절들을 만끽합니다

아주 오랜 예전엔 거리마다 캐롤이 흘러나오고 늦은 오후 오래된 번호가 울렸었지요.

"이번에도… 올 수 있지?"

그 말에 마음 한켠이 툭, 하고 젖었습니다. 둥근 테이블엔 붉은 와인이 천천히 돌고 스테이크 굽는 냄새가 벌써 추억을 데우기 시작했지요. 포장지도 벗기지 않은 선물 하나 말없이 책상 위에 놓여 있고 서로의 얼굴 위로 지난 계절들이 조용히 내려앉습니다.

"야, 너 그때 기억나?"

누군가 툭 던지면 또 하나의 웃음이 빙글빙글 테이블을 돕니다. 누군가는 아이 사진을 꺼내고 누군가는 사라진 이름을 한 번쯤 불러보지요. 속삭이듯 나누는 안부 속엔 못 다 한 마음들이 숨어 있었습니다. 창밖엔 눈이 내리고, 창 안엔 와인이 돌고 한 해의 끝에서 우리는 잠시 같은 시절로 되돌아갑니다. 왁자지껄 웃다가 살며시 포옹도 하고 다시 돌아갈 일상엔 조금 따뜻해진 마음을 챙겨 넣습니다. 오늘 밤, 우리의 시간은 그저 흐른 게 아니라 돌아와 주었고, 이 자리는 그저 식당이 아니라 서로의 기억을 끌어안는 둥지였지요.

"메리 크리스마스, 그리고 고마워요."

이렇게 또, 우리의 겨울을 함께 데워줘서……

빗속 의 여인

겨울비는 소리 없이 회색빛 도시를 촉촉이 적시네
밤의 불빛 폭풍우 속 슬피 우는
가로등 밤길을 하염없이 걸었네

소설 속에 나온 듯한 주인공
끝도 없이 아파야 했던 순간 순간
밤 환락가의 열기 한산한 도시
전체를 휘감아 버리고
천둥번개는 잠들려한 겨울밤의
눈물범벅된 상처 난 얼굴 감추려
화장으로 분칠을 하고 추적추적 내리는 겨울비에
가슴이 뻥 뚫린 듯이 아려왔네

이별의 눈물처럼 구슬프게 내리는 겨울비

■ 서평 ■

이승해 시인의 시집 출간을 축하하며

박 덕 은

　이승해 시인은 강원도 태백에서 아버지 이동영 씨와 어머니 허옥순 씨 사이에서 7남매 중 여섯째로 1962년에 태어났다. 1988년에 결혼하여 슬하에 1남 1녀를 두고 있다. 취미로는 음악 감상, 여행, 독서 등이다.

　사람의 외면보다 아름다운 내면을 더 중요시하고, 문학을 하면서 희로애락의 경험을 바탕으로 시나 시조를 창작하고 있다.

　현재, 국제펜 회원, 경기펜 총무국장, 경기문협, 문학과비평 사무차장, 수원 문협 회원, 토지문학 회원, 남명문학회 부회장, 신정문학 회원 등으로 문단 활동을 하고 있다.

　수상으로는 경기문학인협회 공로상 수상, 경기펜 작품상, 강원경제신문 누리달 공모전 대상, 산해정 인성문화진흥회 기개상 수상, 수원 인문학 공모 최우수상, 문학과비평 작품상, 문학신문 주최 제27회 윤동주 별 문학상 수상, 산해정 문학상 동시 부문 우수상, 신정문학상 수필 부

문 우수상, 제1회 애지중지행시짓기 대상, 남명정신문화예술제 시서화초대전 - 제1회 문화의 전당 시화전 작품상 수상 등이 있다.

저서로는 [레스피아에서 선녀를 만나다], 문학저널지 [눈꽃송이] [한국을 빛낸 명시선집](공저) 등이 있다.

자, 그러면 지금부터 이승해 시인의 시 세계를 탐험해 보기로 하자.

우리 집 누렁이는 똥을 먹어서인지
누런 털이 수북하다

안동 장날 주인 남자의 눈에 들어서
화성 용두리까지 팔려왔다

쓰려져 가는 기와집 축대 앞에
머리를 꼬고 엎드려
제 집인지 남의 집인지 모르고
낮잠을 즐기던 누렁이

이쁘다고 목덜미를 쓰다듬으면
주인의 발밑에 비스듬히 누워
발바닥을 핥기도 했다

어른들 똥을 주면 먹지 않고
아가 똥만 먹었다
그래서인지
아기 똥만 바라보면 늘 노랗게 웃는다

어느 날 부잣집에서 얻어 온
비계 덩어리를 억지로 먹였더니
설사를 하면서 싸늘하게 식어 버렸다

식어 버린 누렁이 시체 위에 나비 한 마리 날아들어
나폴 나폴 춤을 추고

주인은 눈물을 찔끔이며
아가 똥을 먹게 그냥 둘 걸
하늘 보며 한탄했다

누렁이가 먹던 밥그릇에
아가 똥 냄새만 그득했다.

- [똥개] 17p 전문

이 시에서의 시적 화자는 자신이 키우던 똥개에 대한 애정을 표현하고 있다. 첫 행부터 눈길을 끄는 게 있다. 똥이 개의 누런 털로 환치된다. 무생물이 생물로, 더럽고 부정적인 똥이 사랑스런 개의 털로 환치된 것이다. 동화작가 권정생의 <강아지 똥>이 떠오른다. 똥 중에서도 아가 똥만 먹는다고 한다. 세상의 욕심이 들어있지 않는, 순수하고 맑은 똥만 먹는다. 그래서일까, '아기 똥만 바라보면 늘 노랗게 웃는'다. 이 지점에서 따스한 감성이 스며든다. 똥개를 통해 맑은 영혼의 감성을 말하고 있다. '축대/ 앞에 머리를 꼬고 엎드려/ 제 집인지 남의 집인지 모르고/ 낮잠을 즐기던 누렁이'에서 천진난만한 아기의 모습이 겹쳐보인다. '주인의 발밑에 비스듬히 누워/ 발바닥을 핥기도 했다'에서도 사랑스런 모습으로 다가온다. 그러던 어느 날, 시적 화자는 얻어 온 비계를 한 덩이나 억지로 먹였다. 왜 억지로 먹였을까. 비계를 먹으면 살이 찔 수 있다고 생각했을까. 세상은 그리 만만하지 않으니 비계라도 먹어서 목청을 키우라고, 그 목청으로 쓰러져 가는 기와집을 지키라는 무언의 압력이었을까. 주인의 욕심이 끼어들기 전에는 낮잠을 즐기며 살았는데 주인의 욕심이 끼어들면서 운명이 뒤바뀐다. 눈물을 글썽이며 후회하지만 이미 늦어 버렸다. '아가 똥을 먹게 그냥 둘 걸/ 하늘 보며 한탄'한다. 주인은 자신의 욕심을 탓한다. '누렁이가 먹던 밥그릇에/ 아가똥 냄새만 그득'하다에서 어떤 깨달음이 느껴진다. 다시는 무리한 욕심을 부리지 말자, 있는 그대로 타자의 삶을 존중하자, 그런 말을 자신에게 하고 있는 듯하다. 스토리가 있는 시라서, 눈길이 쏠린다. 인생의 흐름이 담겨 있는 듯하여, 가슴이 아린다. 인생사가 느껴져, 묵묵히 숨을 쉬게 된다.

다채로운 감성으로 이끄는 시의 특질을 만난 듯하여, 고개가 끄덕여진다. 이미지로 그려 논 스토리에서 감칠맛이 난다.

아무도 모르게 겨울이 찾아왔다
문 두드리는 소리도 없이
그저 바람에 실려와
내 창가에 조용히 내려앉았다

새벽 공기는 어제보다 차갑고

숨을 들이쉴 때마다 폐 깊숙이
하얀 냉기가 스며든다
모래처럼 부서질 듯한 공기 속에서
나는 겨울 발자국을 따라 걷는다

어느 순간부터 귀퉁이에 멈춰 서 있는 그림자들
가로등 불빛 아래서 반짝이다 얼어붙은 나뭇잎들
그 모든 풍경이 말없이 인사를 건넨다

"왔어요 올해도"

그 인사는 낯설지 않다
언제나처럼
겨울은 늘 이렇게 조심스럽게 다가온다
옷깃을 여미는 손끝에서 계절이 느껴지고
커피향에서 피어나는 하얀 김 사이로
누군가의 생각이 따라 올라온다

그리움은 이상하게도 겨울을 좋아 한다
볼 수 없어 더 간절하고
닿을 수 없어 더 따뜻한 것들이
이 계절엔 유난히 또렷하다

겨울은 단지 차갑고 하얀 계절이 아니다
그건 오래된 기억을 닦아 불빛처럼 다시
꺼내주는 계절

어느 날 문득
너의 이름 석 자가 눈송이.

- [몰래 온 손님] 48p 전문

이 시에서의 시적 화자는 어느 날 새벽 눈꽃송이를 맞이한다. 겨울만큼 그리움이 사무치는 계절이 어디 또 있을까. 옷깃을 세우게 만드는 눈보라의 질투 때문일까, 귀가를 서두르게 하는 어스름녘의 자세 때문일까, 남루한 냉기와 찬바람의 억지 때문일까. 그게 무엇인지는 알 수 없지만 따뜻한 그리움의 아랫목으로 들어서고 싶은 건 분명하다. 시적 화자는 문 두드리는 소리도 없이 창가에 조용히 겨울이 내려앉았다라고 말하고 있다. 겨울이 찾아온 그날의 새벽 공기는 어제보다 차갑고 하얀 냉기가 스며든다고 말하고 있다. 이를 통해 어떤 쓸쓸함과 허전함이 엿보인다. 이때 시적 화자는 '모래처럼 부서질 듯한 공기 속에서/ 나는 겨울 발자국을 따라 걷는'다. 상상 속으로, 행복한 감성 속으로, 아름다운 기억 속으로 들어간다. 그 속에서 만난 풍경들이 말없이 인사를 건넨다. 시의 흐름과 의식의 흐름이 자연스럽고 좋다. 독자의 감성을 끌고 가는 힘이 느껴진다. 그 힘에 의지해 계속 따라가 보자. 시적 화자는 낯설지 않는 인사 속에서 커피향이 피어나는 것을 보고 누군가 떠오른다. 이를 통해 화자는 '그리움은 겨울을 좋아 한다'고 단정 짓는다. 그 이유는 '볼 수 없어 더 간절하고/ 닿을 수 없어 더 따뜻한 것들이/ 이 계절엔 유난히 또렷하'다고 말한다. 누구를 보고 싶다는 뜻일까, 무엇에게 가 닿고 싶다는 뜻일까. 화자는 누구와 무엇에 대해 정확히 지칭하지 않았다. 그러기에 상상의 폭이 더 넓다. 다시 한 번 겨울에 대해 이런 정의를 내린다. '오래된 기억을 닦아 불빛처럼 다시/ 꺼내주는 계절'이 겨울이라고. 이 문장을 곱씹어 볼수록 가슴에 와 닿는다. 그리움을 향한 시적 화자의 목소리가 절정으로 치달아 '어느 날 문득/ 너의 이름 석 자가 눈송이'라고 끝맺음을 맺는다. 화룡점정이다.

문 두드리는 소리도 없이 바람에 실려와 창가에 내려앉은 눈꽃송이, 겨울 발자국 따라 찾아온 하얀 냉기, 옷깃 여미는 손끝, 모래처럼 부서질 듯한 공기, 누군가의 생각 따라 올라오는 하얀 김, 닿을 수 없어 더 따뜻한 것들, 오래된 기억을 닦아 불빛처럼 다시 꺼내주는 계절 등의 표현이 시적 형상화와 이미지 구현을 돕고 있다. 선명한 이미지와 여린 감성이 만나, 시심의 여행을 하도록 안내하고 있다. 자연스런 시적 형상화가 시의 특질을 감싸 안고 있다.

바람 따라 흔들린다
결국 땅 위에 조용히 내려앉은
나뭇잎 한 장

누군가의 마음처럼
쓸쓸하면서도 따뜻한 문장을 품고
나는 그걸 가만히 주워 읽는다

"잘 지내니"
"그리웠어"
"잊지 않았어"

말 대신 색으로 전해지는 안부
빨갛게 물든 그리움과
노랗게 바랜 추억의 흔적이

손끝을 간질인다

가을은 그렇게
나뭇잎 하나에도 마음을 담아
우리에게 편지를 띄운다

낙엽이 흩날리는 소리는
누군가의 오래된 속삭임 같고
인맥 사이로 스며드는 빛을
지나간 계절의 마지막 손 인사 같다

나는 오늘도
그 짧은 편지들을 주워 읽으며
조금은 천천히
조금은 조용히
가을을 건넌다.

- [나뭇잎 편지] 59p 전문

    이 시에서의 시적 화자는 바람 따라 흔들리다 땅에 떨어진 나뭇잎 한 장을 줍는다. 그 나뭇잎에는 다정한 낙차(落差)가 숨어 있다. 낙엽을 부정적으로 바라보지 않고 밝고 긍정적으로 바라보고 있다. 어찌 보면 나뭇잎은 가을의 낙엽으로 지고 싶어 초록으로 환한 여름을 건너왔는지도 모른다. 몇몇 아쉬움과 미련이 가을의 끝자락을 붙들고도 있겠지만 빨갛게 물든 그리움과 안부를 나뭇잎은 건넨다. 그래서일까, 나뭇잎들의 낙차는 다정하다. 낙엽이 허공에서 그리는 가벼운 곡선이 즐겁다. 색으로 전하는 안부가 곡선으로 표현 되서 일까. 낙엽을 바라보는 시적 화자의 시선이 따스하다. '쓸쓸하면서도 따뜻한 문장을 품고/ 나는 그걸 가만히 주워 읽는'다. 무슨 글이 써 있길래 읽는다고 말한 것일까. 시적 화자는 먼저 따뜻한 문장을 품고 낙엽을 읽는다. 시인의 자세는 이처럼 따스해야 한다. 따스한 시선, 따스한 관점, 따스한 배려가 있어야 한다. 낙엽에서 안부와 그리움을 만난다. '노랗게 바랜 추억의 흔적이/ 손끝을 간질인'다. 추억의 흔적은 발랄한 유년의 기억 그 언저리일 수도 있고 뜨거운 첫사랑의 뒷모습일 수도 있고 어떤 열정일 수도 있다. 그 추억들이 심장과 손끝을 간질인다. 잘살고 있냐고 묻는 듯 낙엽은 제 몸을 허공에 한 잎 한 잎 쌓으며 우리에게 질문한다. 또 '낙엽이 흩날리는 소리는/ 누군가의 오래된 속삭임 같'다고 한다. 참으로 달달한 감성으로 다가오는 낙엽이다. 이렇게 화자는 낙엽을, 아니 짧은 편지를 읽으며 가을을 건너고 있다.

낙엽 한 장, 거기서 쓸쓸하면서도 따뜻한 문장을 읽는다. 말 대신 색으로 전해지는 안부, 빨갛게 물든 그리움, 노랗게 바랜 추억의 흔적 등을 읽는다. 나뭇잎 하나에도 마음을 담아 편지를 띄우는 가을, 누군가의 속삭임 같은 낙엽의 소리, 계절의 마지막 손 인사, 이를 감지하며 계절을 읽어 가는 시적 화자, 나뭇잎의 짧은 편지를 주워 읽으며, 조용히 그리고 천천히 가을을 건너는 시적 화자, 그의 시선과 내면이 시의 세계로 소롯이 이끌고 있다. 시가 이 땅에서 해야 할 역할에 대해 나지막한 목소리로 말해 주고 있는 듯하다.

잔등을 밟고 오르는 숨소리마저 감추고
세상살이 힘들다고 아우성치던 시간들이
고양이 걸음으로 숨어든다

그 남자의 무게를 지탱하지 못하는
계단은 굽은 등을 세우지 못하고
발을 내밀 때마다 삐걱거린다

술 취한 이웃 남자가 문 앞에 속을 토하고
태연하게 자릴 떠날 때까지
비릿한 생선 내장 냄새가
계단을 타고 내려온다

창틈 새로 아침을 깨우는 바람 소리에
눈을 뜰 때면
시멘트 틈바구니로 초록빛이 돋는다

낡고 허물어진 계단을 딛고
낯선 희망의 꿈을 찾아 문을 나선다.

- [계단] 78p 전문

   이 시에서 시적 화자는 낡고 허물어진 계단을 자신의 인생처럼 내려다보고 있다. 계단은 상승의 이미지도 있지만 하강의 이미지도 있다. 누구는 계단을 오르며 성공으로, 출세로, 희망으로 나아가고 또 누구는 계단을 내려오며 절망으로, 비관으로, 우울로 들어선다. 그런 면에서 계단은 생의 내면을 보여주고 있다. 적나라한 생의 유전자를 드러내고 있다. 상승의 의지가 내 마음대로 실현되어 꿈꾸는 삶으로 나아가면 좋을 텐데 인생이란 그렇지가 않다. 올라가야 하는 계단은 멀고 아니, 추락하는 계단은 눈앞에 있어 사는 게 버겁다. '잔등을 밟고 오르는 숨소리마저 감추고/ 세상살이 힘들다고 아우성치던 시간들이/ 고양이 걸음으로 숨어'들고 있다. 아픔이 느껴진다. 발랄한 아침의 모습은 보이지 않고 적막과 어둠에 휩싸여 가슴을 치는 서러움이 느껴진다. 상처의 목록을 펼쳐놓으면 저 층층의 계단을 넘어설 것이다. 아우성치는 시간들은 내성적이어서 고양이 걸음으로 숨어든 것일까. 무릎에 힘을 줘야 오를 수 있는 저 계단의 언저리에는 누군가의 망설임과 울음이 깃들어 있다. 그 울음이 고양이 걸음으로 숨어든다. 계단은 이제 남자의 무게를 지탱하지 못한다. 굽은 등을 세우지도 못한다. 비좁고 어둑해서 아니, 멈출 줄 모르는 질주에 지쳐서 쉬고 싶은 것이다. 계단은 이제 발을 내밀 때마다 삐걱거린다. 삐걱거릴 때까지 끌고 온 생의 뒤안길이 울먹인다. 멈춤도 없이 숨차게 달린 어제가 힘들다고 아우성이다. 시적 화자는 그 마음을 '술 취한 이웃 남자가 문 앞에 속을 토하고/ 태연하게 자릴 떠날 때까지/ 비릿한 생선 내장 냄새가/ 계단을 타고 내려온'다고 표현하고 있다. 숨차게 달린 삶에게 쉼을 줘야 한다. 더 이상 비릿한 생선 냄새가 계단을 타고 내려오지 않도록 해야 한다. 다행히 쉼을 가진 계단에서 어떤 설렘이 느껴진다. '시멘트 틈바구니로 초록빛이 돈는'게 보인다. 초록빛에서 내일을 향한 기대가 엿보인다. 계단을 또 올라서야 하고 다시 주저앉아 울기도 하겠지만 우리는 다시 희망의 꿈을 찾아야 한다.

계단에는 세상살이 힘들다고 아우성치는 시간들이 숨어든다. 계단은 남자의 무게 지탱하지 못하고 삐걱거린다. 비릿한 생선 내장 냄새가 흐르기도 한다. 계단의 시멘트 틈바구니로 초록빛이 돈다. 아침이면, 낯선 희망의 꿈 찾는 발걸음이 지나간다. 치열한 현실인식이 자리 잡고 앉아, 고된 인생길을 실감 있게 이미지로 그려놓고 있다. 되도록 주제를 노출시키지 않고, 절제의 미를 보여주는 시적 형상화가 시의 맛을 한층 높여 주고 있다.

바람은 기억을 흔드는 손처럼
하얀 벚꽃을 꽃비로 쓸어내리고
그 한 장 한 장은
짧은 생의 페이지를 넘기듯
숨죽인 채 떨어진다

찰나를 사는 로맨스
봄은 그 짧은 열정의 이름으로
스스로를 불태운다

흰 나비처럼 나락에 내려앉는
이별의 전주곡
꽃잎은 무더기로 쏟아지며
시간의 강을 건넌다

저마다 가는 길 위에서
꽃은
하늘 아래 피어난
눈물의 모양으로

다시 한 번 봄이 된다.

- [낙화] 67p 전문

  이 시에서의 시적 화자는 낙화를 관찰하고 있다. 투신이 아름다운 게 있다면 그건 꽃의 낙화일 것이다. 한 잎 한 잎의 유서가 허공에서 환해진다. 유서의 낱글자들이 어떤 향기 같고 어떤 당부 같기도 하다. 가지를 붙들고 속엣말을 꺼내놓은 꽃잎들이 이제는 다시 '찰나를 사는 로맨스'를 써 내려간다. 투신이 저와 같은 로맨스였다니, 멋지다. 새로운 해석이 돋보인다. 그러고 보니 삶의 모든 순간이 찰나를 사는 로맨스였구나 싶다. '봄은 그 짧은 열정의 이름으로/ 스스로를 불태운'다며 시적 화자는 우리에게 어떤 뜨거운 화두를 던진 듯하다. 우리는 저 봄처럼, 찰나를 사는 로맨스처럼 뜨겁게 타오른 적이 있었는가. 꽃이 피는 게 봄인데 화자는 꽃이 지는 것도 다시 한 번 봄이라고 말한다. 관점을 달리하면 얼마든지 우리는 편안하게 삶을 바라볼 수 있다. 성공을 향한 오름만이 꼭 행복은 아니다. 흰 나비처럼 내려앉는 내려섬도 행복이다.

  바람은 벚꽃을 꽃비로 쓸어내린다. 벚꽃은 숨죽인 채 떨어진다. 봄은 스스로를 불태운다. 길 위에서 낙화는 눈물의 모양으로 다시 한 번 봄이 된다. 낙화의 이미지를 돕는 시적 형상화가 멋스럽다. 기억을 흔드는 손 같은 바람, 짧은 생의 페이지를 넘기듯 지는 꽃잎, 나락에 내려앉는 이별의 전주곡, 시간의 강을 건너는 꽃잎, 다시 한 번 봄이

되는 눈물의 모양 등의 표현이 상큼하다. 이렇듯 사물을 새롭게 해석하여 작품의 완성도를 한층 높이고 있다.

   계절은 옷을 버리고
   새 길을 가자는데
   아직은 벽을 붙들고
   남아 있고 싶어라
   하늘 끝
   닿고 싶은 욕망
   너에게만 있으랴

   여름날 물오른 잎새
   하나둘 떨궈내고
   풀벌레는 제철이라고
   합창소리 높아질 즈음
   성근
   잎새 사이로
   완성하는
   가
   을
   벽
   화

   - [담쟁이] 53p 전문

   이 시에서의 시적 화자는 담쟁이의 일대기를 관찰하고 있다. 생을 곧추세우는 등뼈도 없으면서 담쟁이는 잘도 오른다. 온몸이 손과 발인 초록들이 꼭대기까지 올라가야 한다며 의지를 불태운다. 뿌리의 신념이 단단해서일까.

흐물흐물 주저앉을 법도 한데 오르고 또 오르는 저 초록의 진격. 담쟁이는 그들의 예법대로 벽을 움켜쥐며 오른다. 절대 수직 상승의 욕망을 포기하지 않는다. 서로의 어깨를 겯고 한계를 넘어서며 안간힘으로 자신의 단점을 뛰어넘는다. 그런 담쟁이에게 가을은 절정이다. 풀벌레 소리가 제철인 가을에 귀맛이 좋은 소리들을 받아먹으며 가을 벽화를 완성한다. 잎 잎의 표정들이 모두 환하겠다. 계절은 자신의 옷을 벗는데 담쟁이는 더 치열하게 더 뜨겁게 공명하며 그들만의 생을 완성한 것이다.

여름날 물오른 잎새, 옷을 버리고 새길 가는 계절, 여전히 벽을 붙들고 있는 담쟁이의 모습, 하늘 끝 닿고 싶은 욕망을 안고 있는 모습, 풀벌레 합창 소리 높아질 때, 비로소 성근 잎새 사이로 완성하는 가을 벽화. 이 모든 게 담쟁이 넝쿨이다. 담쟁이넝쿨이 이뤄놓은 가을 벽화, 그 앞에서 많은 생각을 하게 한다. 어쩌면, 자연처럼 우리 인간도 생을 마무리할 땐 담쟁이넝쿨처럼 하나의 예술작품을 완성하고 가야 하지 않을까. 문득 시비를 세우고 가는 시인들이 떠오른다. 호랑이의 가죽처럼, 담쟁이의 가을 벽화처럼, 시인들의 아름다운 시비처럼, 뭔가 이 땅에 완성된 작품, 감동을 주는 예술작품을 한 점 남기고 가야 하지 않을까.

무엇보다도 우리의 삶 자체가 완성된 예술작품이기를 바라는 그런 메시지가 담겨 있는 듯하다.

한 표가 피어낸 붉은 계절
장미는 투표소 앞에서도 피어난다
거리는 아직 봄이었고
국민들은 조금 지쳐 있었지요

잎보다 가시를 먼저 본 사람들이
붉은 벽보 앞에서
서로의 한숨을 적어 내려 갔어요

그날 우리는 손가락에 찍힌 잉크보다
더 오래 지워지지 않는 희망을 원했고
장미 한 송이처럼
누군가는 다시 피어날 것이라 믿었지요

장미의 계절은 짧지만
그 향은 오래 갑니다
그 짧은 시간 속에
우리는 이름을 적었습니다
조금은 떨리는 마음으로.

- [장미대선] 80p 전문

    이 시에서의 시적 화자는 투표에 대한 애정을 나타내고 있다. '장미대선'이라는 말은 2017년 박근혜 전 대통령 탄핵 이후 조기 대선이 5월 9일에 치러지면서 처음 등장한다. 이 시기는 장미가 만개하는 봄철과 겹쳐 자연스럽게 '장미대선'이라는 말이 나왔고, 이후 5~6월에 열리는 대선을 상징하는 용어로 자리 잡는다. 장미에는 정치적·사회적 의미가 담겨 있다. 1908년 미국의 여성 섬유 노동자

들이 "우리에게 빵을 달라, 그리고 장미도 달라" 이런 구호를 외쳤다. 여기서 장미는 인간다운 삶, 권리, 희망을 의미한다. 2025년 대통령 선거가 6월 3일에 예정되어 있다. 시간적으로 장미가 만개한 계절이다. 이 때문에 '장미대선'이라는 말이 자주 오르내린다. 장미의 꽃말은 정열, 희망, 사랑이기에, '장미대선'은 국민들의 권리와 인간다운 삶에 대한 요구를 뜻한다. 유권자가 찍은 한 표는 장미 한 송이처럼 소중하기에 시적 화자는 '한 표가 피어낸 붉은 계절'이라고 표현하고 있다. 유권자의 투표로 대한민국의 미래가 달라지기에 시적 화자는 투표의 소중함을 '장미의 계절은 짧지만/ 그 향은 오래'간다고 말하고 있다. '잎보다 가시를 먼저 본' 유권자들은 대선을 앞두고 '붉은 벽보 앞에서/ 서로의 한숨을 적'어 내려간다. 그와 동시에 '손가락에 찍힌 잉크보다/ 더 오래 지워지지 않는 희망'도 마음속으로 써 내려간다. 대선을 임하는 자세와 투표의 중요성을 이처럼 에둘러 표현해야 시의 감칠맛이 난다. 시는 직설화법이 아니라 간접화법인 것이다.

  지쳐 있는 국민들, 잎보다 가시를 먼저 본 사람들, 붉은 벽보 앞에서 서로의 한숨을 적어 내려가던 서민들, 손가락에 찍힌 잉크보다 더 오래 지워지지 않을 희망을 원했던 염원, 장미 한 송이처럼 다시 피어날 거라 믿는 민중들, 조금은 떨리는 마음으로 장미의 계절에 향을 투표지에 찍은 유권자의 소망 등이 고스란히 이 시 속에 담겨 있다. 에둘러 표현하여, 시의 특질 속으로 들어가는 시적 형상화 솜씨가 돋보인다. 세상의 이슈를 시 속에 담아내는 기법도 세련되어 있다.

 이처럼, 이승해 시인의 시들은 시의 특질을 바탕에 깔고, 이미지 구현에 최선을 다하고 있어, 독자의 눈길을 끈다.

 시는 찰나의 예술이다. 길고 긴 인생살이보다는 어느 한 순간의 감성을 이미지로 포착해 내어 독자의 가슴에 파고드는 문학 장르이다. 따라서 시는 보다 선명한 이미지로 그림을 그릴수록 더 좋다. 다채로운 감성 중 하나를 발굴하여 독자 앞에 내놓고, 이왕이면 신선하게 새로운 해석, 즉 낯설게 하기를 해놓을수록 싱그럽고 완성도가 높아진다. 그 기반이 치열한 현실인식일수록 감명도가 높아진다. 주제를 노출하지 않고, 가급적 에둘러 표현하여 감동의 전율을 등줄기에 흐르게 하는 기법이 함께하면 더 좋다.

 이승해 시인이 여생 동안 꾸준히 시의 특질을 기반으로 완성도 높은 작품들을 발표하여 꾸준히 시집을 펴내고, 이따금 시선집도 챙겨가기를 바란다. 창조하는 삶이 가장 아름답다는 인생관을 가지고 날마다 새로운 인생을 꾸려가기를 소망한다.

 - 사방 천지에 피어나는 아름다운 꽃들에 취해
 한실문예창작 지도 교수 박덕은 (문학박사, 전 전남대학교 교수, 문학평론가, 시인, 대한민국시문학회 회장, 박덕은 미술관 관장, 화가, 사진작가)

| 발행인의 말 |

박 선 해

　시를 씀에 있어서 늘 감성시인이고자 하는 이승해 시인은 삶의 아픔과 슬픔에서 그 갈등을 이겨내야만 자신에게 기쁠 자유와 즐거울 희망을 갖는다고 평상심으로 늘 말한다. 탁자 모서리의 먼지를 읽을 줄 알고 가방 속에 숨겨둔 남모르는 한숨, 그러면서도 때때로 삶을 방임하기도 하며 다 말하지 못한 마음을 어느 행성으로 보내는 상상을 기르기도 했다. 그런 모습을 십 수 년 간 함께 봐 왔으며 시를 대하는 정도와 예를 갖은 자세는 모범적인 진정성이 있다.

　그러함에 다음과 같이 이승해 시인의 시「전하지 못한 진심」을 본다. 이승해 시인의 시「전하지 못한 진심」은 제목에서부터 이미 독자의 마음을 사로잡고 있다고 볼 수 있다. 전하지 못한, 즉 우리가 살아가면서 말로 표현되지 못하고 마음속에만 남아 있는 감정의 무게와 마안함이 이 시의 전체를 직통한다. 시인은 사랑이라는 감정을 직접적으로 드러내지 않고, '말하려다 삼킨 순간들', '괜찮다는 말 뒤에 숨어 있던 마음'과 같은 섬세한 표현으로 내면의 갈등과 망설임을 그려낸다. 특히 "늘 네가 먼저 걷기를 기다렸던 마음", "한 번쯤은 손을 내밀고 싶었던 마음" 등 반복되는 구절은 이루어지지 못한 소망과 그리움의 깊이를 흔들림의 손짓처럼 시심을 더한다.

　이 시의 순정적인 미는 마지막 연에 있다. "진심은 항상 늦게 도착하는 편지를 담아 너 없는 자리에만 머문다"라는 구절은, 사랑의 본질이 때로는 너무 늦게, 혹은 상대가 없는 곳에만 머무른다는 쓸쓸한 진실을 아름답게 표현한다. 사랑을 고백하지 못한 채 시간이 흐른 뒤에야 비로소 자신의 감정을 깨닫는 화자의 모습은 독자에게 깊은 공감과 여운을 함께한 은은한 감동이 있다. 이 시는 누구나 한 번쯤은 경험했을 법한, 그러나 쉽게 드러내지 못했던 감정의 결을 조용하면서도 진솔하게 담아낸다. 여기서 이승해 시인의 시적 본질을 알 수 있다. 읽는 이로 하여금 자신의 지난 사랑과 망설임을 떠올리게 하며, 말하지 못한 진심이 때로는 가장 오래 남는다는 기억을 동반하는 사실을 일깨운다. 결국 「전하지 못한 진심」은 사랑의 용기와 후회, 그리고 꿈의 각도, 그리움이 교차하는 순간을 담백하게 그려낸 시로, 오랜 여운과 그리움을 남기는 작품이다.

　이승해 시인의 「파도 속 별」은 여름 바다의 풍경과 그 속에 숨겨진 감정, 기억, 그리고 소중한 순간들을 섬세하게 포착하여 감정을 농축시킨 감성시이다. 이 시는 햇살이 부서지는 바다 위에서 시작한다. "물결 하나하나에 병이 숨겨져 있다"는 표현은 겉으로는 평화롭고 아름다운 바다이지만 그 속에는 저마다의 사연과 아픔, 쓰라린 생애 어떤 경험 혹은 완성되지 못했더라도 추억할 추억이 담겨 있음을 암시한다. 소금기 어린 바람과 반짝이는 파도 그리고 발끝에 닿는 물의 감촉은 감각적인 이미지로 독자를 여름 바다 한가운데로 데려다 놓는다.

특히 "작디작은 우주"라는 구절은 바다라는 거대한 자연 속에서도 아주 작은 파편 하나에 우주만큼의 의미와 세계가 담겨 있다는 깨달음을 전한다. 이는 일상의 소소한 순간들 속에서도 특별함을 발견할 수 있다는 이미지를 형상시키는 화두로도 읽혀진다. 시의 후반부에서 "손으로 퍼 올린 바닷물 안에 별 하나가 깃들어 있었다"는 구절은 독자에 시를 읽을 호기심으로 이끄는 매우 인상적인 부분이다. 바닷물 속 별은 현실과 환상의 경계, 엇박자 혹은 소중한 추억과 감정의 상징이다. 그 별을 "조심스럽게 마음에 담아두었다"는 것은 누구나 인생의 한순간 소중한 기억이나 감정하나쯤을 마음속에 간직한다는 의미로 해석할 수 있다. 마지막 연에서는 그 별이 "누군가의 첫사랑"이 되고, "누군가의 오래된 기억 속 여름밤"이 된다고 말한다. 이는 개인적인 경험이 보편적인 감정으로 확장되는 순간이며 시인이 전하고자 하는 보편적 공감의 정서가 잘 드러난다. 「파도 속 별」은 감각적이고 섬세한 언어로 여름 바다의 풍경과 그 속에 담긴 세밀한 감정이 스민 감성과 추억 그리고 시간의 흐름을 아름다운 흔적으로 그린다. 일상적인 자연의 한 장면을 통해 삶의 의미와 소중함을 일깨워주는 시로 읽는 이의 마음에 잔잔한 울림을 안겨준다. 여름날 바다를 그리워하거나 소중한 추억을 떠올리고 싶은 이들에게 이 시를 추천한다. 바다의 파도처럼 잔잔하지만 깊은 감동을 느낄 수 있을 것이다.

다음은 "비 오던 애월리의 밤" 속으로 스며보자. 이승해 시인의 「비 오던 애월리의 밤」은 제주도 여행에서 제주 애월리의 한 밤, 비 내리는 풍경 속에서 인간의 내면과 감정을 섬세하게 포착한 작품이다. 시인은 여행지에서 느낀 감정을 자연과 인간 그리고 그 교차점을 탁월하게 표현하며 독자에게 깊은 울림으로 감성을 선물한다. 자연과 감정의 교감이 잘 어우러진 이 시의 초반부는 먹구름이 가득한 하늘과 비가 내리기 시작하는 순간을 묘사한다. "음기 가득 머금은 먹구름"과 "빗발이 달구똥처럼 몇 방울 떨어지고"라는 표현은 제주 특유의 습하고 무거운 공기를 생생하고도 현장감 있게 전달한다. 이후 '후드득후드득' 내리는 비는 점차 세차게 변하며, 시인은 이를 세상의 모든 환희와 비애 사랑과 이별을 일시에 잠재워 버릴 듯이라고 노래하며 삶의 은근한 열정을 나타내고자 한다. 자연의 변화가 인간의 감정과 맞닿아 있음을 암시하며 비가 감정의 소용돌이와도 같다는 인상을 준다. 상징적 이미지의 힘에서 이 시의 중반부에서는 "비 맞은 제주행 비행기"와 "한 여자가 천천히 길을 걷고 있네"라는 구절을 통해 이승해 시인 자신에게도 갖춰진 외면과 내면의 중시성으로 외부 세계와 내면의 세계가 교차하고 있음을 보여준다. 특히 "날개 잘린 채 피를 뚝뚝 흘리는 새 한 마리"는 상실과 아픔과 절망의 상징으로 읽힌다. 이 새는 "검은 바다 밑에 주저앉아 눈물을 흘리고 있다"는 표현을 통해 인간의 깊은 슬픔과 좌절을 대변한다. 제주 바다의 거친 파도와 어우러진 이 이미지는 시적 긴장감을 극대화하고 있으며 시적 크라이막스의 묘미를 더한다.

 마지막 연에서 "애월리 봄날 카페 안에서는 쇼팽의 빗방울 전주곡이 잔잔히 흐르고"라는 구절은 시 전체의 음률과 음악적 분위기 가미를 더한 이승해 시인 특유의 서정적으로 시를 이끄는 맛이 충만하다. 외부의 거친 폭풍우와 대비되는 카페 안의 평온함, 그리고 쇼팽의 음악은 비와 감정의 파동을 잠재우는 역할을 하며 시에 잔잔히 가슴을 파고드는 여운을 남긴다. 「비 오던 애월리의 밤」은 자연과 인간의 감정, 그리고 음악이 서로 어우러지는 시적 공간을 아름답게 그려낸다. 이승해 시인은 제주라는 공간의 특수성과 보편적인 인간의 감정을 결합하여 독자에게 깊은 공감과 사색의 시간을 선사한다. 비와 바다 그리고 음악이 어우러진 이 시는 우리 모두의 내면에 잠재된 슬픔과 위로 그리고 희망을 조용히 건드리는 작품이다.

 이처럼 이승해 시인은 묘사와 사유, 포착과 표현력이 탁월한 시인이다. 시·공간을 초월하는 상상력은 그 느낌을 독자에게 광범위하게 전이시킨다. 이 부분이 이승해 시인만의 시적 매력이 아닐까!

 이승해 시인의 제2시집 상재를 축하드립니다. 아울러 많은 독자님들에게 삶의 용기와 희망 속에 윤활제가 되기를 진심으로 기원합니다.

몰래 온 손님

초판1쇄 발행 2025년 6월 25일

지 은 이 이승해
펴 낸 이 박선해
펴 낸 곳 도서출판 신정

주소 경상남도 김해시 우암로 8
전화 010-3976-6785
전자우편 sinjeng2069@naver.com
출판등록 김해, 사00008. 2020년 9월 22일

ISBN 979-11-92807-30-3 03810

정가 12,000원

* 이 출판물은 한국예술인복지재단의 지원금을 받아 출판하였습니다.
* 이 책은 저작권법에 따라 보호받는 저작물이므로 무단전재와 무단복제를 금지하며, 이 책 내용의 전부 또는 일부 내용을 재사용하려면 사전에 저작권자와 도서출판 신정의 동의를 받아야 합니다.
* 저자의 의도에 따라 작품의 보조동사와 합성(=합성명사)어는 띄어쓰기나 방언에 따라 표현이 (향토어 지역어 은어 속어 기타 등) 달라질 수가 있습니다.
* 잘못된 책은 교환해 드립니다.